Analyse de l'œuvre

Par Claire Cornillon
et Alexandre Randal

Phèdre

de Jean Racine

lePetitLittéraire.fr

Rendez-vous sur lepetitlitteraire.fr et découvrez :

Plus de 1200 analyses
Claires et synthétiques
Téléchargeables en 30 secondes
À imprimer chez soi

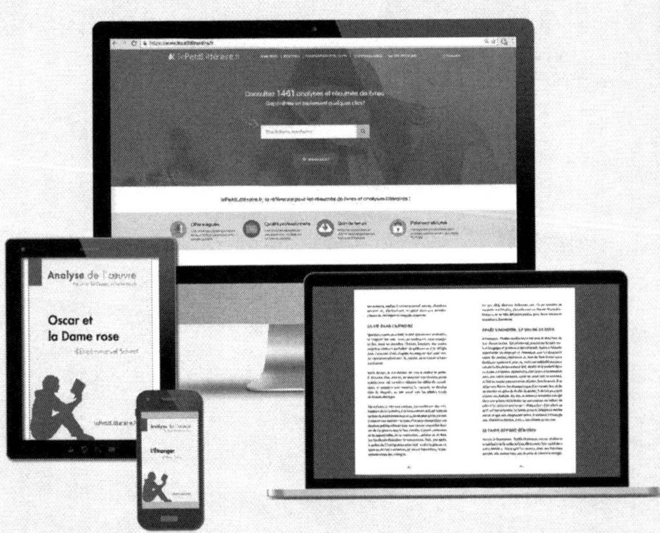

JEAN RACINE

DRAMATURGE FRANÇAIS

- **Né en 1639 à La Ferté-Milon (Nord-Pas-de-Calais-Picardie)**
- **Décédé en 1699 à Paris**
- **Quelques-unes de ses œuvres :**
  - *Andromaque* (1667), tragédie
  - *Britannicus* (1669), tragédie
  - *Bérénice* (1670), tragédie

Jean Racine est la figure principale de la tragédie classique au XVIIe siècle, comme Molière (1622-1673) l'est de la comédie. Après une éducation poussée à l'abbaye de Port-Royal, il s'installe à Paris où, à partir de 1663, il est admis à la cour de Louis XIV (roi de France, 1638-1715) et mène une brillante carrière de dramaturge.

Principalement connu pour ses tragédies, il en a écrit onze. Celles-ci, rédigées dans une langue dépouillée et poétique, s'inspirent de la mythologie grecque (*Andromaque*), de l'histoire romaine (*Britannicus*) ou de l'histoire chrétienne (*Athalie*), et explorent les passions humaines.

PHÈDRE

UNE RÉÉCRITURE DU MYTHE ANTIQUE

- **Genre :** pièce de théâtre (tragédie)
- **Édition de référence :** *Phèdre*, Paris, Flammarion, coll. « Librio », 2009, 90 p.
- **1re édition :** 1677
- **Thématiques :** passion, suicide, ordre, transgression

Phèdre, l'une des plus célèbres pièces de Racine, est représentée pour la première fois en 1677. Cette tragédie en cinq actes et en vers met en scène l'amour incestueux du personnage éponyme, Phèdre, pour le fils de son mari, Hippolyte. Ce personnage de la mythologie grecque est une héroïne tragique parce qu'elle est dominée par ses passions coupables et cause de la sorte le malheur de ceux qui l'entourent, et notamment du jeune Hippolyte. Elle finit par se donner la mort.

RÉSUMÉ

ACTE I

La scène se situe à Trézène, ville du Péloponnèse. Personne ne sait si Thésée, le roi d'Athènes, est encore en vie. Hippolyte, son fils, décide de partir à sa recherche. Phèdre, la femme de Thésée, semble le haïr, c'est pourquoi il souhaite ardemment quitter Trézène. « [...] Tout a changé de face/ Depuis que sur ces bords les dieux ont envoyé/ La fille de Minos et de Pasiphaé », dit-il à Théramène, son gouverneur, à propos de Phèdre (p. 9). Hippolyte aime Aricie, la sœur des ennemis de Thésée : « Mon père la réprouve, et par des lois sévères,/ Il défend de donner des neveux à ses frères », dit-il (p. 11).

Phèdre est mourante. Œnone, sa nourrice et confidente, se demande de quel mal elle est atteinte. Phèdre lui avoue qu'elle nourrit un amour incestueux pour Hippolyte, le fils de son mari. « Je le vis, je rougis, je pâlis à sa vue ;/ Un trouble s'éleva dans mon âme éperdue », lui dit-elle (p. 21).

On annonce la mort de Thésée et Œnone conseille à Phèdre de suivre ses sentiments puisqu'elle est désormais veuve : « Vivez, vous n'avez plus de reproche à vous faire :/ Votre flamme devient une flamme ordinaire. » (p. 25)

ACTE II

Hippolyte prévient Aricie qu'elle est libre et lui avoue qu'il l'aime. Phèdre veut parler à Hippolyte et finit par lui avouer son amour : « J'aime. Ne pense pas qu'au moment que je

t'aime,/ Innocente à mes yeux, je m'approuve moi-même. »
(p. 42) Si elle paraissait le haïr, c'était précisément en raison de son amour : « C'est peu de t'avoir fui, cruel, je t'ai
chassé :/ J'ai voulu te paraitre odieuse, inhumaine,/ Pour
mieux te résister, j'ai recherché ta haine. » (p. 42)

Théramène annonce à Hippolyte que le fils de Phèdre est désormais roi. Mais la rumeur prétend que Thésée est vivant.
Hippolyte veut en savoir plus.

ACTE III

Œnone annonce à Phèdre que Thésée est en vie et lui
conseille d'accuser Hippolyte de l'aimer pour contrer par
avance une éventuelle attaque contre elle : « [...] Osez
l'accuser la première/ Du crime dont il peut vous charger
aujourd'hui. » (p. 54)

Thésée revient. Hippolyte veut partir de Trézène et prouver
sa valeur.

ACTE IV

Œnone annonce à Thésée l'amour qu'Hippolyte nourrirait à
l'égard de Phèdre. Thésée, dans sa colère, invoque Neptune
et lui demande de punir son fils : « Je t'implore aujourd'hui.
Venge un malheureux père./ J'abandonne ce traitre à toute
ta colère. » (p. 64) Hippolyte se défend en avouant qu'il aime
Aricie, mais son père ne le croit pas.

Phèdre vient défendre Hippolyte et Thésée lui apprend alors
que celui-ci prétend aimer Aricie.

« Ah dieux ! Lorsqu'à mes vœux l'ingrat inexorable/ s'armait d'un œil si fier, d'un front si redoutable,/ Je pensais qu'à l'amour son cœur toujours fermé/ Fût contre tout mon sexe également armé », s'exclame Phèdre (p. 71). Celle-ci déchaine sa colère sur Œnone qu'elle accuse de l'avoir mal conseillée en lui suggérant d'accabler Hippolyte.

ACTE V

Aricie demande à Hippolyte de dire la vérité à son père à propos des sentiments de Phèdre à son égard, mais il refuse : « Devais-je, en lui faisant un récit trop sincère,/ D'une indigne rougeur couvrir le front d'un père ? » (p. 78) Il lui demande de partir avec lui, mais comme ils ne sont pas mariés, elle craint pour son honneur. Il lui propose alors de l'épouser. Elle accepte.

Aricie dit à Thésée qu'il accuse injustement son fils, mais ne lui avoue pas la vérité sur Phèdre. Thésée a des doutes. On lui annonce qu'Œnone s'est suicidée et que Phèdre veut mourir. Il comprend alors qu'il s'est peut-être trompé :

> « Ne précipite point tes funestes bienfaits,
> Neptune ; j'aime mieux n'être exaucé jamais.
> J'ai peut-être trop cru des témoins peu fidèles,
> Et j'ai trop tôt vers toi levé mes mains cruelles. » (p. 84)

Théramène vient lui annoncer la mort d'Hippolyte, qui a été tué par un monstre venu des mers. Phèdre, qui a pris du poison, vient avouer à Thésée la vérité avant de mourir. Elle expire.

ÉTUDE DES PERSONNAGES

PHÈDRE

Phèdre est le personnage éponyme et la figure qui domine la pièce. Cruelle aux yeux d'Hippolyte, son attitude cache pourtant son amour profond pour le jeune homme. C'est une femme aux sentiments exacerbés, dominée par ses passions : elle aime d'un amour coupable le fils de son mari, mais elle déchaine aussi sa colère sur sa confidente Œnone, causant son suicide. Enfin, elle est également jalouse d'Aricie et de l'amour qu'Hippolyte lui porte.

Dès le début, son état physique est à l'image de sa douleur morale et l'on peut dire que la pièce constitue son agonie jusqu'à son empoisonnement final. Elle dépérit, rongée par le secret et par la culpabilité, une culpabilité causée par son amour d'abord, puis par le mal qu'il occasionne par la suite. « Elle meurt dans mes bras d'un mal qu'elle me cache », dit Œnone dès la deuxième scène (p. 13). Et lorsqu'elle entre en scène, elle fait d'elle-même un portrait pathétique :

> « Que ces vains ornements, que ces voiles me pèsent !
> Quelle importune main, en formant ces nœuds,
> A pris soin sur mon front d'assembler mes cheveux ?
> Tout m'afflige et me nuit, et conspire à me nuire. » (p. 14)

Ne pouvant supporter cette situation, elle finit par avouer son mensonge avant de mettre fin à sa vie dans la dernière scène.

Phèdre, la fille de Pasiphaé (épouse de Minos, le roi de Crête), est d'ascendance solaire : sa mère est la fille d'Hélios (le soleil) et de l'océanide Persé. Cependant, le destin de cette lignée est tout autre que radieux : ils sont en effet maudits par Aphrodite (la déesse de l'amour) car Hélios a osé révéler les amours entre cette dernière et Arès (le dieu de la guerre). C'est la raison pour laquelle Pasiphaé, la mère de Phèdre, tombe sous le charme d'un taureau et accouche d'un monstre, le terrible Minotaure, mi-homme mi-taureau.

Quant à Phèdre, après avoir épousé Thésée, le roi d'Athènes, elle s'exile avec lui à Trézène, ville du Péloponnèse. C'est alors qu'elle rencontre Hippolyte, le beau-fils de Thésée. Ce dernier, féru de chasse, a fait construire un temple en l'honneur d'Artémis. Mais ce culte rendu à la déesse de la chasse ne plait pas à Aphrodite qui se venge en faisant naitre chez Phèdre une passion ardente pour son beau-fils.

Phèdre, ne voulant pas lui révéler le désir qu'elle éprouve, lui adresse une lettre. Mais Hippolyte l'éconduit. Cherchant à couvrir sa faute et à se venger, elle informe Thésée que son fils a voulu profiter d'elle. Outré, ce dernier maudit à tel point son fils qu'il convoque rapidement Poséidon afin de le faire périr. Hippolyte, blessé mortellement en mer par un monstre marin envoyé par le dieu de la mer, se réconcilie toutefois avec son père avant de rendre son dernier souffle. Phèdre, désespérée par le rejet d'Hippolyte et par la

HIPPOLYTE ET ARICIE

Hippolyte est le fils de Thésée. Ses qualités sont vantées par l'ensemble des personnages. Il est un homme d'honneur. Son courage est souligné à plusieurs reprises, notamment par Théramène dans le récit de sa mort qui fait de lui un héros guerrier. En effet, il n'a pas hésité à affronter le monstre quand tous fuyaient devant la menace :

> « Tout fuit ; et sans s'armer d'un courage inutile,
> Dans le temple voisin chacun cherche un asile.
> Hippolyte lui seul, digne fils d'un héros,
> Arrête ses coursiers, saisit ses javelots. » (p. 86)

Il préfère se laisser accuser injustement plutôt que de causer à son père la douleur d'apprendre la passion incestueuse de sa femme. Il représente ainsi, tout comme Aricie, la vertu. En effet, lorsque Hippolyte lui propose de s'enfuir avec elle, celle-ci n'accepte de le faire qu'à condition qu'ils se marient.

Face aux personnages de Phèdre, d'Œnone et de Thésée, tous coupables d'une manière ou d'une autre, Hippolyte et Aricie sont les victimes innocentes d'évènements tragiques. Théramène dit ainsi : « J'ai vu des mortels périr le plus aimable,/ Et j'ose dire encor, Seigneur, le moins coupable. » (p. 85)

ŒNONE

Œnone est un personnage central de la pièce, car c'est elle qui parvient à obtenir l'aveu premier de Phèdre et c'est elle, ensuite, qui la conseille. Elle lui suggère, lorsque l'on croit Thésée mort, de vivre son amour et, lorsque son époux revient, d'accuser Hippolyte. Elle est donc celle qui pousse encore un peu plus Phèdre dans la voie du crime, de la transgression et de la trahison.

Pour autant, elle est la confidente de Phèdre et n'agit toujours que dans l'intérêt de cette dernière. Elle lui est particulièrement fidèle. C'est pourquoi, lorsque Phèdre la rejette, lui imputant la responsabilité des évènements, qui était pourtant partagée, Œnone se jette à la mer pour mettre fin à ses jours : « Déjà, de sa présence, avec honte chassée,/ Dans la profonde mer Œnone s'est lancée. » (p. 84)

THÉSÉE

Thésée est le roi d'Athènes, le mari de Phèdre et le père d'Hippolyte, qu'il a eu avec Antiope, la reine des Amazones. Il est une figure d'autorité, celui qui représente la loi, qui cherche à connaitre la vérité et qui punit les coupables.

On le croit mort au début de la pièce, mais il est finalement vivant. Il arrive au cœur d'un drame, sans avoir les éléments en main pour le comprendre. Il ne connait pas l'amour de Phèdre pour Hippolyte, ni l'amour de celui-ci pour Aricie. Tous les protagonistes lui mentent ou lui cachent la vérité. Il cherche donc à savoir ce qu'il se passe réellement.

Mais Thésée, accordant sa confiance à Phèdre et à Œnone, se trompe et croit son fils coupable d'un crime dont il est en fait innocent. Thésée est donc aussi dans la pièce, comme Phèdre, à la fois coupable et victime. Il a perdu son fils en précipitant sa décision et en demandant à Neptune de le punir. À la fin de la pièce, il s'écrie ainsi : « Allons de ce cher fils embrasser ce qui reste,/ Expier la fureur d'un vœu que je déteste. » (p. 91)

CLÉS DE LECTURE

UNE TRAGÉDIE CLASSIQUE

Dans *Phèdre*, Racine respecte rigoureusement les règles de la tragédie classique.

La tragédie repose tout d'abord sur l'unité d'action : l'ensemble de la pièce est centré sur la passion du personnage éponyme. Chaque acte est un moment précis de sa marche vers la mort : l'aveu de la passion, l'aveu public, la dénonciation de l'amour incestueux, les conséquences de cet amour, et finalement la mort comme punition inévitable. En outre, la pièce se déroule en un seul jour et en un seul lieu (Trézène, ville du Péloponnèse), respectant ainsi les règles d'unité de temps et de lieu.

Pour autant, ces contraintes sont mises au service d'une plus grande efficacité dramatique. Prenons l'exemple du récit de Théramène, cette longue tirade qui raconte la mort tragique d'Hippolyte, un des plus beaux morceaux de bravoure de la pièce. Non seulement le fait qu'il s'agisse d'un récit permet de sauvegarder l'unité de lieu et de respecter la règle de bienséance qui interdit de représenter une mort aussi violente sur scène – sans compter, bien sûr, les difficultés pratiques de représentation –, mais surtout le récit permet de mettre en valeur ce moment par le discours. Plutôt que de montrer, Racine dit. Et cette économie de moyens dramatiques est finalement productrice de plus grands effets. Le langage magnifie la mort héroïque du jeune homme et la découverte pathétique par Aricie du corps de son amant. Au lieu que l'action ne se disperse, par le langage, elle se resserre. C'est cette rigueur qui fait aussi de Racine le représentant par excellence de la tragédie classique.

L'AVEU

La construction dramatique de la pièce est fondée sur la parole. L'élégance et l'efficacité du vers racinien soulignent d'autant plus cette prégnance de la parole. L'amour est au cœur de la pièce, mais tout l'enjeu est de l'avouer. La pièce n'est donc qu'une marche vers cette confession et vers la découverte progressive de toute la vérité :

- dans un premier temps, c'est l'aveu de l'amour qui doit être fait. Hippolyte avoue à Théramène les sentiments qu'elle éprouve à l'égard d'Aricie, et Phèdre confie à Œnone son amour pour Hippolyte. Le rôle des confidents est essentiel. Ils sont là pour permettre la parole, pour créer un espace intime où l'aveu peut se faire : « Parlez : je vous écoute », insiste Œnone (p. 19) ;
- dans un deuxième temps, c'est l'aveu public qui devient l'enjeu. Phèdre avoue sa passion à Hippolyte et ce dernier finit par indiquer à son père qu'il aime Aricie ;
- dans un troisième temps, le jeu de la parole se centre sur Thésée, nouvel acteur du drame qui doit découvrir progressivement le fin mot de l'histoire. L'aveu se transforme alors en mensonge et la vérité reste inaccessible pour Thésée ;
- c'est à la toute fin de la pièce que Thésée apprend la vérité, c'est-à-dire l'amour de Phèdre pour Hippolyte. Mais il est déjà trop tard : le mensonge a causé un drame

irréversible.

Ainsi, l'action ne progresse pas tant par des actes que par des mots. Il s'agit de dire ou de ne pas dire. Faut-il avouer la vérité au risque de causer le malheur d'autrui (pour Phèdre : révéler son crime ; pour Hippolyte : causer la douleur de son père) ou conserver des secrets au risque que l'ignorance cause d'aussi grands malheurs ?

L'ORDRE ET LA TRANSGRESSION

Thésée représente l'ordre et c'est précisément en son absence que le drame se met en place. L'ordre est celui des hommes, l'ordre politique notamment, mais aussi l'ordre des dieux. Neptune, le dieu romain des mers, répond en effet aux vœux de Thésée : « Je t'implore aujourd'hui. Venge un malheureux père./ J'abandonne ce traître à toute ta colère. » (p. 64)

L'ordre est troublé par une double transgression. La première est constituée par le crime lui-même, c'est-à-dire l'amour incestueux de Phèdre, qui met à mal la structure primaire de la société, la famille. La seconde est le mensonge : en voulant rétablir la justice et l'ordre du monde, Thésée ne fait que le bouleverser davantage. Parce qu'il ne connait pas le véritable crime, il accuse et punit un innocent, aidé en cela par les dieux. En ce sens, on peut parler de fatalité. Le tragique est insoluble, il est sans issue. Thésée fait ce qu'il croit être bien, mais il se fourvoie. Trop prompt à accuser sans preuve, il est finalement, tout comme Phèdre, soumis aux mouvements de ses passions et en subit irrémédiablement les conséquences.

Racine a reçu une éducation janséniste. Or, pour les jansénistes, chaque homme est touché ou non par la grâce divine, et s'il n'est pas touché par la grâce, ses actions ne pourront pas le sauver, le soustraire à sa destinée. Cette idéologie nourrit le théâtre de Racine qui met en scène des personnages ne parvenant pas à échapper à leur destin. Dans ce contexte, la seule manière de racheter d'une certaine manière la transgression, de restaurer l'ordre du monde, c'est de mourir. C'est pourquoi Phèdre et Œnone mettent fin à leurs jours. La mort est la seule issue après le déshonneur suprême.

LES PASSIONS

À l'inverse de Thésée, qui représente l'ordre, Phèdre incarne le désordre. C'est un personnage rongé par ses passions. En elle s'opposent l'amour et la raison. Elle n'a pas choisi de ressentir un amour incestueux, cet amour l'a soudainement saisie. C'est le sens de sa remarque à Œnone : « Je le vis, je rougis, je pâlis à sa vue ;/ Un trouble s'éleva dans mon âme éperdue. » (p. 21) La passion est, étymologiquement, ce que l'on subit. Et c'est bien de cette manière qu'est présenté l'amour dans la tirade de Phèdre : « Je sentis tout mon corps et transir et brûler. » (p. 21) Phèdre n'est plus un sujet qui agit, mais elle est un objet dominé par sa passion. C'est le corps ici qui réagit et non l'esprit : le corps est le siège de la passion, et l'esprit, le siège de la raison. La raison s'efface donc, écrasée par la force de la passion ; Phèdre subit cette réaction du corps. C'est ce que Racine explique dans sa préface :

> « En effet, Phèdre n'est ni tout à fait coupable, ni tout à fait innocente. Elle est engagée, par sa destinée et par la colère des dieux, dans une passion illégitime, dont elle a horreur la toute première. Elle fait tous ses efforts pour la surmonter. Elle aime mieux se laisser mourir que de la déclarer à personne, et lorsqu'elle est forcée de la découvrir, elle en parle avec une confusion qui fait bien voir que son crime est plutôt une punition des dieux qu'un mouvement de sa volonté. »

L'amour est incontrôlable et, surtout, il devient obsédant. Tout son être est soumis à cet amour. Or il s'agit d'un amour coupable. La déchéance physique de Phèdre est ainsi à l'image de sa psychologie : obsédée par cet amour interdit, elle n'est plus que l'ombre d'elle-même.

Elle qui devrait se contrôler laisse échapper l'aveu terrible, non pas une mais deux fois, comme si le poids du secret était tel qu'elle ne pouvait le supporter. Ce faisant, elle cause son propre malheur puisqu'elle sait bien que son amour ne peut être réciproque. Cédant ainsi à ses passions, contre sa raison, tous ses sentiments se déchainent finalement, de la jalousie à la colère, emportant tout dans sa fureur.

LA QUERELLE DES DEUX *PHÈDRE*

Lorsqu'elle est jouée pour la première fois le 1er janvier 1677 par la troupe des comédiens de l'Hôtel de Bourgogne, la pièce de Racine entre très rapidement en concurrence avec une autre pièce sur le même sujet écrite par Jacques Pradon (dramaturge français, 1644-1698). Sa pièce est jouée par le théâtre rival : le théâtre de l'Hôtel Guénégaud. Le 14 janvier 1677, Jean Donneau de Visé (écrivain français, 1638-1710) rend un comparatif favorable à la pièce de Racine.

Le lendemain, des sonnets anonymes, hostiles à la pièce de Racine, commencent à circuler, auxquels répondront d'autres sonnets en guise de riposte. La situation s'envenime alors. Le premier texte pourfendait l'actrice jouant le personnage de *Phèdre* chez Racine. La riposte est adressée directement au duc de Nevers (neveu du cardinal Mazarin, 1641-1707), supposé être l'auteur du premier sonnet, qui est attaqué de manière incendiaire. Il aurait été écrit, dit-on, de la main de Racine et de Boileau (écrivain français, 1636-1711), mais rien ne permet de l'affirmer. La situation se détériore à tel point que Racine et Boileau craignent des représailles. L'affaire se termine lorsque le grand Condé (pair de France, 1621-1686) met sous sa protection les deux poètes.

Malgré le rendu élogieux fait par Jean Donneau de Viisé, il semblerait que la pièce de Pradon ait remporté un plus large succès auprès du public durant les premières semaines de représentation, avant d'être devancée par celle de Racine.

Selon Alain Viala, professeur de littérature à l'université d'Oxford, « la rivalité entre les deux pièces correspond à une pratique courante de rivalité entre deux théâtres » (« Querelle des deux Phèdre », in *Banque de données AGON*, 2014). Celle-ci symbolise en effet parfaitement l'opposition entre deux esthétiques littéraires de l'époque : les Anciens et les Modernes.

Cette polémique a agité le monde littéraire et artistique français durant la seconde moitié du XVIIᵉ siècle. Deux camps se sont opposés :

- les Anciens, menés par Boileau, préconisent comme modèle littéraire l'Antiquité et une imitation des auteurs de cette époque. Pour eux, l'Antiquité grecque et romaine constitue la perfection artistique à atteindre. La littérature doit respecter les règles du théâtre classique et les tragédies doivent traiter de sujets antiques, telle que le fait précisément Racine dans *Phèdre*.
- les Modernes, menés par Charles Perrault (homme de lettres français, 1628-1703), soutiennent la thèse opposée, affirmant que les modèles antiques ne sont pas insurpassables et que l'art, tout comme les sciences, connait la notion de progrès. Pour eux, il s'agit avant tout d'innover et de ne pas figer la littérature en suivant des règles préétablies.

Ces derniers seront les vainqueurs de cette querelle, car la doctrine classique tendra à disparaitre peu à peu dès le siècle suivant.

RACINE APRÈS *PHÈDRE*

En 1677, après ce qui sera sa dernière tragédie profane, Jean Racine est au sommet de sa gloire. Il se marie avec Catherine de Romanet (1652-1732), d'une famille de bonne bourgeoisie. Alors qu'il bénéficie déjà depuis 1663 d'une pension offerte par Louis XIV, grand mécène désireux de promouvoir les arts, il devient, avec Nicolas Boileau, historiographe du roi. Cette mission, qui consiste à écrire l'histoire officielle du roi et ainsi à glorifier son nom, est éminemment prestigieuse. C'est ainsi qu'il lui est permis d'approcher le monarque et de le suivre dans plusieurs expéditions militaires, afin de faire passer à la postérité la mémoire de ses grandes victoires. Cette promotion considérable lui donne de la noblesse, et Racine, de plus en plus mondain, obtient un certain nombre de reconnaissances sociales, le faisant « passer un cran plus haut dans la légitimité telle qu'alors on la concevait » (VIALA A., *La stratégie du caméléon*, 1990, p. 197).

À la suite de *Phèdre*, il se détourne de l'écriture théâtrale. Il y reviendra 12 ans plus tard, à la demande de Mme de Maintenon (maitresse du roi, 1635-1719), pour écrire deux pièces chrétiennes, *Esther* (1689) et *Athalie* (1691), toutes deux tirées de sujets bibliques et destinées aux filles du pensionnat de Saint-Cyr. En 1690, il reçoit la charge de gentilhomme ordinaire de la chambre du roi, lui conférant un rang plus important encore à la cour.

Athalie deviendra sa plus célèbre pièce à travers les XVIIe et XVIIIe siècles. Elle sera néanmoins détrônée par *Phèdre* lorsque Sarah Bernhardt (grande actrice française, 1844-1923) en incarnera l'héroïne. Cette dernière sera le modèle du personnage de « la Berma », à qui le narrateur d'*À la recherche du temps perdu* de Marcel Proust (auteur français, 1871-1922) voue un véritable culte lorsqu'il la voit jouer

Phèdre.

Comme l'a écrit la journaliste Marie-Pierre Genecand :
« Héroïne tragique par excellence, dévorée par une passion
proscrite, Phèdre a donné lieu aux interprétations les plus
extraordinaires. » (GENECAND M.-P., « Phèdre, fille maudite
du soleil », in *L'Express*, 2015).

PISTES DE RÉFLEXION

QUELQUES QUESTIONS POUR APPROFONDIR SA RÉFLEXION…

- Comment Phèdre est-elle présentée par Hippolyte au début de la pièce ? Qu'en est-il lorsqu'elle apparait sur scène ?
- La pièce est une succession d'aveux. Faites-en la liste et montrez comment évolue l'intrigue.
- En quoi Hippolyte et Aricie représentent-ils la vertu au sein de la pièce ?
- Quel est le rôle de Théramène et d'Œnone au sein de l'intrigue ?
- En quoi Phèdre est-elle une héroïne tragique ?
- Quelle image d'Hippolyte est donnée par Théramène lorsqu'il raconte les circonstances de sa mort ?
- Quelles sont les figures de la fatalité dans la pièce ?
- La pièce propose deux facettes de l'amour. Quelles sont-elles ? Quel(s) personnage(s) les incarne(nt) ?
- Selon vous, qu'est-ce qui a fait et fait toujours le succès de *Phèdre* ?
- Quelles sont les similitudes et les différences entre la *Phèdre* d'Euripide et celle de Racine ?

Votre avis nous intéresse !
Laissez un commentaire sur le site de votre librairie en ligne
et partagez vos coups de cœur sur les réseaux sociaux !

POUR ALLER PLUS LOIN

ÉDITION DE RÉFÉRENCE

- RACINE J., *Phèdre*, Paris, Flammarion, coll. « Librio », 2009.

ÉTUDES DE RÉFÉRENCE

- COMMELIN P., *Mythologie grecque et romaine*, Paris, Garnier, 1960, p. 195, consulté le 21 septembre 2016.
- FUMAROLI M., « Jean Racine », in *Ministère de la Culture et de la Communication*, consulté le 22 septembre 2016, http://www.culture.gouv.fr/culture/actualites/racine2. htm
- GENECAND M.-P., « Phèdre, fille maudite du soleil », in *L'Express*, juillet 2015, consulté le 22 septembre 2016, https://www.letemps.ch/culture/2015/07/27/ phedre-fille-maudite-soleil
- GRIMAL P., *Dictionnaire de la mythologie grecque et romaine*, Paris, Presses universitaires de France, coll. « Grands dictionnaires », 1999. p. 365.
- « Phèdre », in *Mythologica.fr*, consulté le 21 septembre 2016, http://mythologica.fr/grec/phedre.htm
- PICARD R., « Racine », in *Dictionnaire encyclopédique de la littérature française*, Paris, Robert Laffont, coll. « Bouquins », 1999, p. 825-829.
- POTELET H., *Mémento de littérature française*, Paris, Hatier, coll. « Profil », 1990.
- TAILLET C., Phèdre *de Jean Racine. Analyse approfondie*, Lemaitre Publishing, coll. « Profil Littéraire », 2015.
- VIALA A., *La stratégie du caméléon*, Paris, Seghers, 1990.

- Viala A., « Querelle des deux Phèdre », in *Banque de données AGON*, 2014, consulté le 22 septembre 2016, http://base-agon.paris-sorbonne.fr/querelles/querelle-des-deux-phedre

SUR LEPETITLITTÉRAIRE.FR

- Commentaire de la scène iii de l'acte I de *Phèdre*.
- Commentaire de la scène v de l'acte II de *Phèdre*.
- Commentaire sur le dénouement d'*Andromaque* de Jean Racine.
- Commentaire de la scène finale de *Bérénice* de Jean Racine.
- Commentaire de la scène iv de l'acte IV de *Britannicus* de Jean Racine.
- Commentaire de la scène v de l'acte V de *Britannicus*.
- Fiche de lecture sur *Andromaque*.
- Fiche de lecture sur *Bajazet* de Jean Racine.
- Fiche de lecture sur *Bérénice*.
- Fiche de lecture sur *Britannicus*.
- Fiche de lecture sur *Iphigénie en Aulide* de Jean Racine.

ISBN version numérique : 978-2-8062-2059-2
ISBN version papier : 978-2-8062-1228-3
Dépôt légal : D/2013/12603/247

Avec la collaboration d'Alexandre Randal pour les chapitres suivants : « La querelle des deux Phèdre », « Racine après Phèdre » ainsi que pour les compléments d'information à propos de Phèdre dans la mythologie et de la querelle sur les Anciens et les Modernes.

Conception numérique : Primento,
le partenaire numérique des éditeurs.

Ce titre a été réalisé avec le soutien de la Fédération Wallonie-Bruxelles, Service général des Lettres et du Livre.

Retrouvez notre offre complète sur lePetitLittéraire.fr

- des fiches de lectures
- des commentaires littéraires
- des questionnaires de lecture
- des résumés

ANOUILH
- Antigone

AUSTEN
- Orgueil et Préjugés

BALZAC
- Eugénie Grandet
- Le Père Goriot
- Illusions perdues

BARJAVEL
- La Nuit des temps

BEAUMARCHAIS
- Le Mariage de Figaro

BECKETT
- En attendant Godot

BRETON
- Nadja

CAMUS
- La Peste
- Les Justes
- L'Étranger

CARRÈRE
- Limonov

CÉLINE
- Voyage au bout de la nuit

CERVANTÈS
- Don Quichotte de la Manche

CHATEAUBRIAND
- Mémoires d'outre-tombe

CHODERLOS DE LACLOS
- Les Liaisons dangereuses

CHRÉTIEN DE TROYES
- Yvain ou le Chevalier au lion

CHRISTIE
- Dix Petits Nègres

CLAUDEL
- La Petite Fille de Monsieur Linh
- Le Rapport de Brodeck

COELHO
- L'Alchimiste

CONAN DOYLE
- Le Chien des Baskerville

DAI SIJIE
- Balzac et la Petite Tailleuse chinoise

DE GAULLE
- Mémoires de guerre III. Le Salut. 1944-1946

DE VIGAN
- No et moi

DICKER
- La Vérité sur l'affaire Harry Quebert

DIDEROT
- Supplément au Voyage de Bougainville

Dumas
- Les Trois
  Mousquetaires

Énard
- Parlez-leur
  de batailles,
  de rois et
  d'éléphants

Ferrari
- Le Sermon sur la
  chute de Rome

Flaubert
- Madame Bovary

Frank
- Journal
  d'Anne Frank

Fred Vargas
- Pars vite et
  reviens tard

Gary
- La Vie devant soi

Gaudé
- La Mort du
  roi Tsongor
- Le Soleil des
  Scorta

Gautier
- La Morte
  amoureuse
- Le Capitaine
  Fracasse

Gavalda
- 35 kilos d'espoir

Gide
- Les
  Faux-Monnayeurs

Giono
- Le Grand
  Troupeau
- Le Hussard
  sur le toit

Giraudoux
- La guerre de
  Troie
  n'aura pas lieu

Golding
- Sa Majesté des
  Mouches

Grimbert
- Un secret

Hemingway
- Le Vieil Homme
  et la Mer

Hessel
- Indignez-vous !

Homère
- L'Odyssée

Hugo
- Le Dernier Jour
  d'un condamné
- Les Misérables
- Notre-Dame
  de Paris

Huxley
- Le Meilleur
  des mondes

Ionesco
- Rhinocéros
- La Cantatrice
  chauve

Jary
- Ubu roi

Jenni
- L'Art français
  de la guerre

Joffo
- Un sac de billes

Kafka
- La Métamorphose

Kerouac
- Sur la route

Kessel
- Le Lion

Larsson
- Millenium 1. Les
  hommes qui
  n'aimaient pas
  les femmes

Le Clézio
- Mondo

Levi
- Si c'est un
  homme

Levy
- Et si c'était vrai…

Maalouf
- Léon l'Africain

MALRAUX
- La Condition humaine

MARIVAUX
- La Double Inconstance
- Le Jeu de l'amour et du hasard

MARTINEZ
- Du domaine des murmures

MAUPASSANT
- Boule de suif
- Le Horla
- Une vie

MAURIAC
- Le Nœud de vipères

MAURIAC
- Le Sagouin

MÉRIMÉE
- Tamango
- Colomba

MERLE
- La mort est mon métier

MOLIÈRE
- Le Misanthrope
- L'Avare
- Le Bourgeois gentilhomme

MONTAIGNE
- Essais

MORPURGO
- Le Roi Arthur

MUSSET
- Lorenzaccio

MUSSO
- Que serais-je sans toi ?

NOTHOMB
- Stupeur et Tremblements

ORWELL
- La Ferme des animaux
- 1984

PAGNOL
- La Gloire de mon père

PANCOL
- Les Yeux jaunes des crocodiles

PASCAL
- Pensées

PENNAC
- Au bonheur des ogres

POE
- La Chute de la maison Usher

PROUST
- Du côté de chez Swann

QUENEAU
- Zazie dans le métro

QUIGNARD
- Tous les matins du monde

RABELAIS
- Gargantua

RACINE
- Andromaque
- Britannicus
- Phèdre

ROUSSEAU
- Confessions

ROSTAND
- Cyrano de Bergerac

ROWLING
- Harry Potter à l'école des sorciers

SAINT-EXUPÉRY
- Le Petit Prince
- Vol de nuit

SARTRE
- Huis clos
- La Nausée
- Les Mouches

SCHLINK
- Le Liseur

SCHMITT
- La Part de l'autre
- Oscar et la
  Dame rose

SEPULVEDA
- Le Vieux qui
  lisait des romans
  d'amour

SHAKESPEARE
- Roméo et Juliette

SIMENON
- Le Chien jaune

STEEMAN
- L'Assassin
  habite au 21

STEINBECK
- Des souris et
  des hommes

STENDHAL
- Le Rouge et
  le Noir

STEVENSON
- L'Île au trésor

SÜSKIND
- Le Parfum

TOLSTOÏ
- Anna Karénine

TOURNIER
- Vendredi ou
  la Vie sauvage

TOUSSAINT
- Fuir

UHLMAN
- L'Ami retrouvé

VERNE
- Le Tour
  du monde
  en 80 jours
- Vingt mille
  lieues sous
  les mers
- Voyage au
  centre de
  la terre

VIAN
- L'Écume des jours

VOLTAIRE
- Candide

WELLS
- La Guerre des
  mondes

YOURCENAR
- Mémoires
  d'Hadrien

ZOLA
- Au bonheur
  des dames
- L'Assommoir
- Germinal

ZWEIG
- Le Joueur
  d'échecs

Made in the USA
Monee, IL
07 July 2026

56545980R00017